Franco Scano

Indosso delle maschere per non dimenticare chi sono, in apparenza...

© Copyright – Franco Scano 2011
Tutti i diritti riservati
ISBN: 978-1-4477-5545-6

"Le morti bianche
le cravatte blu
il tuo fuoco amico
l'eyeliner per andare in guerra
nell'estrema sinistra della galassia, dove per l'umidità del garage
la nostra anima che ansimava era per un'occupazione temporanea,
era una gara di resistenza.."

Le Luci Della Centrale Elettrica

Introduzione, prefazione, narrazione, aberrazione di un altro me stesso

Alla mia Piccola Rae

E mi ritrovo a fingere.
Ancora...
Mi sveglio,
il piede.. quello sinistro,
caffè, il sapore forte di menta in bocca.
Sputo!
Veloce.
Mi incastro fra due strisce bianche
che corrono ai miei due lati.
Mi fermo, riparto, fermo, mi muovo!
Metallico.
Cerco le parole che dovrei dire,
poi le ascolto
come se qualcun altro stesse parlando con me.
Cerco il gesto giusto per l'attimo,
ma l'ultimo è già scomparso
ed il primo è già fuori luogo!
Guardo le mie mani che si muovono,
le braccia e poi le gambe.
Mi sembra si aspettino che corra,
le muovo il più veloce che posso...
Corro.
Mi fermo, riparto.. ora cammino, piano.
Adesso devo star fermo.
Mi fermo!
Mi chiedo quando dovrò ripartire,
sono certo che fra poco sentirò di doverlo fare.
Mi concentro.
Le mie gambe sono pronte!
Ho fame,
devo mangiare...
Carne.
Mi guardo attorno:
nei tavolini multicolori insalata!
Prendo insalata.
Mastico cercando di concentrarmi sul rumore
delle mandibole,
lo faccio seguendo una cadenza ritmica
sempre uguale.
Non sento sapore,

mi dovrebbe piacere!
Sorrido, credo di doverlo fare...
Metallico.
Pago, ringrazio, esco!
Leggo.
Scrivo.
Dondolo il tono della voce,
ci gioco come bimbo in altalena!
Guardo su, giù, destra, sinistra.
Nuvole: piove!
Non si deve stare sotto la pioggia,
mi riparo.
Penso: "mi piace stare sotto la pioggia".
Ripenso: "non si deve stare sotto la pioggia"!
Casa.
Sento di dover scrivere per raccontare
ma per una volta,
smettendo di spingere i polpastrelli sulla tastiera,
non fingerò!
Sono stanco di fingere,
la mia parte è finita?
Il teatro è vuoto!
Applausi.

Ho nascosto le parole alla penna,
le ho viste prendere vita
e forme diverse,
contaminarsi, allargarsi
e addossarsi l'una sull'altra.
Le ho viste catapultarsi sulle persone.
Ho osservato pure queste.
Le ho viste nascondersi,
giocare, usare ed abusare.
Oltrepassare il dolore senza attenzione.
Come viso che non possiede occhi,
come bocca che non possiede labbra.
Mi ritornano addosso, sempre!
Come pensieri scostanti.
E mi ritrovo a sorridere
del nulla,
donare poco
e pretendere molto di più.
Senza attenzione.
Come petto
che non possiede cuore.
Tic tac...timidi battiti.
Insolito desiderio
anche solo di essere ascoltato.
Ho conservato le parole,
è troppo poco ancora
per sprecarle così.

Quel giorno
decisi di smettere
di chiedermi il perché di ogni cosa.
Camminavo
con le mani dietro la schiena,
mi sedevo sul caminetto,
mi alzavo di nuovo
arrotolando i pollici l'uno addosso all'altro
nervosamente,
e chiedendomi il perché di questa mia decisione!
Quel giorno
pensai che ero stanco di pensare.
La strada era silenziosa,
la luna al suo primo quarto...
un gatto, un altro.
Alzavo il viso ogni quattro passi,
le stelle dignitose compagne del mio ciondolare
i miei pensieri a rincorrersi
..senza senso logico!
Quel giorno
decisi di non scrivere più,
faceva troppo male raccontare e raccontarsi.
Quel giorno
decisi di non leggere più,
mentre leggevo le mie parole
pensavo e mi chiedevo
il perché le scrivessi
se facevano così male.

Questa città
ha occhi intriganti
che frugano nelle facezie della vita
confondendo la normalità
con il destino.
Questa città
ha voci imprecanti
che cantano di vita e di morte,
si aggrovigliano
e diventano cori atroci
che non hanno più senso
per me.
Nel vestire e nel parlare,
nel gioire e nel lavorare
questa città
ha scoperto la sua normalità.
E' da tanto tempo
che non parlo,
è da tanto tempo,
tanto tempo, che sono stanco:
di mangiare, dormire, lavorare.
E' da tanto tempo
che non sono normale.

Non posso pretendere
di essere capito!
A stento ci provo anche io...
Parlo poco, non mi ascolto.
Distratto!
Stanco di appartenere alle immagini proiettate
nel quotidiano di altre persone.
Non mi riconosco,
come frammento di specchio rotto.
In punta di piedi, scalzo, danzante su nenia ritmata.
Chiudo gli occhi
e mi ritrovo a guardare con altri occhi,
senza distanze.
Non posso pretendere di essere ascoltato
se la mia voce è così flebile
da non arrivare nemmeno alle mie orecchie.
Non posso pretendere di essere amato
se anche io quasi sempre mi dimentico di me!
Aspetto,
mi accontento del silenzio della notte di oggi.
Lascio che sia...

Ho lasciato ad altri le mie mani,
le ho guardate staccarsi dal corpo
e poi disegnare,
modellandosi in cattività.
Quattro nodi stretti,
fune che fa male ai polsi.
Ho lasciato ad altri le mie parole,
le ho ascoltate
trasformarsi in urla disperate,
dita che spingono tasti di malinconiche note.
Labbra in assenza di suoni.
Lingua, denti.
Stridono.
Silenzio.
Ho lasciato ad altri i miei pensieri,
posando il cervello in un angolo della stanza.
Distrattamente inquieto.
Ho lasciato ad altri i miei occhi,
mentre si staccavano dalle orbite
mi osservavo a breve distanza!
Più lontano, svanire...
Mi ritrovo qui,
assente di membra.
Sudicio e fradicio.
Mi è rimasto il cuore.
Un battito, due...
Felicemente infelice!
Ho lasciato ad altri il mio passato.
Ho lasciato ad altri il mio presente.
Lascerò ad altri il mio futuro.
Gli altri mi hanno lasciato le mie mani,
le mie parole, i miei pensieri,
i miei occhi.
Mi ritrovo un'altra volta qui...
Osservo le mie mani muoversi,
penso alle parole "giuste"
e non so che farmene di tutto questo.
Infelicemente felice.

Lascia che siano le tue ali
ad attraversare gli spazi
che non conoscevi ancora,
lascia che sia la tua bocca,
le tue mani,
le tue dita,
le tue gambe...
In incostante presenza,
lascia che sia tu
a tradirti.

Sogno i sogni di altri.
Alla mattina mi sveglio
in incerto vagare con il sapore amaro
di fumo ancora in gola.
Hanno schizzato i tuoi occhi
di quel colore profondo,
me li ritrovo addosso
a scavare dentro i miei.
Disperatamente vitali.
Penso
alla sensazione di scegliere
accuratamente
sempre parole sbagliate,
ingiuste, non convenienti.
Pronunciate, scritte o solo pensate.
Corro, rincorro.
Le inseguo in affanno...
Due giri, tre... roteo, capovolgo, stravolgo!
Assuefatto.
Penso:
caverò i miei occhi
lasciando due giusti vuoti senza colore.
Penso:
caverò la mia lingua
gettandola sulla brace
e immaginando il lento cambiamento di colore.
Tremo:
caverò le mie dita
per dar pace al loro illogico martellare.
Ed infine
caverò il mio cervello
lasciando soltanto il silenzio
del mondo giusto e conveniente
dove io non riesco semplicemente a stare.

Sto danzando fra le righe
di un diario non scritto.
Sono un elastico,
tirami e rilasciami.
Fai che sia una amorfa presenza
da modellare
e buttare giù.
Non sento, non parlo.
Ascolto,
parlo troppo.
Oggi
conto i battiti del mio cuore.
Affanno.
Oggi
non conto più i battiti del tuo cuore.
Affanno.
Sto danzando scoordinato
fra i pensieri
non pensati.
"Bene" - "Grazie" - "Prego"
il mio dovere l'ho fatto.
Il mondo
si gratifica.
Aspiro, sospiro, sbuffo.
In egoistico altruismo
del giusto e doveroso stare...
Affannosamente Sto.

In disattenta attenzione
riflettere su specchio inesistente
di rotolanti pensieri.
Quando (?) rallentano la corsa.
Immobili.
E poi in mutante attenta distrazione,
vocali e consonanti.
Vorrei riuscire
a dare umore
alle parole scritte,
buttarle a caso
e vederle prendere forma e senso
oltre i miei polpastrelli battenti.
Vorrei avessero rancore
e di compiutezza nutrirsi.
Vorrei facessero rumore
urtandosi e allontanandosi,
in bianco e nero.
Vorrei fossero loro
a cercare di me,
raccontandomi, senza sforzo.
Vorrei vederle danzare
picchiettando il tempo
dimenandosi di
non essere pur essendo.
Biglie lanciate in aria,
scivolano via
trovando diversi livelli.
In disattenta attenzione
o in attenta distrazione
non riuscirò mai a essere
(sufficientemente)
vivo
da poter raccontare ad altri
il mio volere (!)
Sto.
In adeguamento.

Con quegli acquerelli
dipingimi il volto,
in modo che possa essere
quello che tu vuoi che sia!
Cambiare il colore
di quella lacrima, stilizzarla
e lasciarla lì.
Incombente.
Disegna un sorriso non mio!
In contrasto
di colori e umore.
Acqua che non sciacqua.
L'immobile sensazione dell'essere
al di fuori di sé.
Restanti "mah"
che si alternano
in ogni altra parte del corpo.
Con quegli acquerelli
dipingimi il volto
perché possa avere una qualsiasi espressione
che io non ho voglia di dargli.

Agganciate due ami affilati
agli angoli della mia bocca,
tirate fino ad ottenere
la deformazione
giusta e conveniente.
Filo sottile di lenza,
che tagliente si conficca sulle mani.
Goccia a goccia
guardo il sangue che cade.
Resto immobile e affascinato
ad osservare le figure che disegna
nel pavimento in gres.
Due chiodi sulle mani,
arrugginiti, appuntiti...
conficcati da un estremo all'altro.
Due chiodi sui piedi.
Abbandonati inerti.
Filo sottile di lenza
su mani bianche.
Sorridere quando si deve,
parlare quando si deve,
tacere.
Camminare, piano.. poi forte fino a correre.
Capire il momento per agire,
il momento di stare fermo.
Ascoltare, sentire.
Amare.
Odiare.
Leggere, non leggere.
Scrivere.
Il legno,
l'asfalto,
l'acqua,
il mare, il sole.
La luna.
Tirate quel sottile filo di lenza
fino a farmi sentire normale.
Sarò uno dei tanti, finalmente...

Si frantumano
spargendosi attorno solitari,
si ordinano e disordinano.
Li conto.
Mi fermo.
Conto, ma i numeri diventano lettere.
Nel palmo delle mani svaniscono
come a non essere mai stati.
Stringo.
Niente, ancora niente...
E mi sento stanco!

Ho messo quelle ali
sbattendo senza sosta sulla superficie impermeabile
di passi veloci sull'asfalto.
Le gote livide
e numeri a caso che si accalcano su di esse
senza accorgersi.
Scrivo dello stare
a guardare il mondo dal basso,
vederlo camminare incosciente e sordo.
Come ragno appeso
mi muovo per afferrare almeno uno
dei tanti saltellanti malleoli.
Urlo mentre la superficie si appanna
e rimanda assordante la mia voce!
Sprofonda
un uomo grasso e sudicio...
Si muove piano,
disegna piroette senza senso
mentre schiaccia con veemenza il mio occhio destro.
Sanguino, mi ritraggo.
Non ci sono spazi
per nascondersi,
come condanna a osservare
in assordante silenzio.
Come condanna a vivere,
sopravvivendo ai margini.

Ti ho infilata dentro
un foglio raccattato
dal cestino della carta straccia.
Ti ho disegnata
con una matita consumata
che mi sporcava l'indice ed il pollice
temperata con un coltello da cucina.
Ti ho dato poi colore
mischiando il giallo ed il rosso.
I piedi,
le mani,
le gambe e le braccia.
Hai cominciato a muoverti
mentre ti cancellavo
e ti ridisegnavo
giocando con ciascuna parte
del tuo corpo.
Ti ho disegnato il viso,
la bocca e gli occhi
restando immobile a guardarti
e lasciandoti
abbastanza spazio per muoverti
impacciata e goffa...
ad arrivare a me.
Ho sentito il sapore delle tue labbra,
il calore della tua lingua
mentre i colori
si mischiavano diversamente
quasi a diventare più vivaci.
Ancora un piccolo mozzicone
che mi faceva male fra le due dita
mentre lo calcavo sempre più a fondo
creando dei piccoli fori sulla tua pelle.
Ho sentito addosso il tuo respiro,
entrarmi dentro
e risalire dallo stomaco fino in gola.
Una fitta
tanto forte da avermi fatto piegare a terra.
Ho spinto forte
spezzando l'ultima,

minuscola parte residua di matita
e pasticciando senza logica...
Gocce di sudore a bagnarti
mischiandosi al nero della grafite.
Ansimavo
di rabbia e dolore.
Ho preso quel foglio
appallottolandolo
per poi gettarlo
nel cestino della carta straccia!
E adesso sono qui
ancora e come sempre
in bilico.

Sto perdendo lentamente
un pezzo alla volta.
Il mio occhio destro
sul lavabo
ha disegnato, rotolando,
cerchi via via più piccoli
fino ad infilarsi nel cunicolo ottonato.
Noncurante.
Al bulbo scoperto
ho ritagliato una sufficiente garza.
Delle dita
ancora due, con le quali stringo la penna
affossandone le falangi
fino a renderle livide.
Ho messo le altre sulla scrivania.
In una settimana
ho intagliato sul legno
un contenitore per la mia lingua.
Strappo via
un altro pezzo di carne dal petto.
Non riesce nemmeno a farmi male.
Non come prima.
O forse soltanto, non ne ho più il ricordo.
E sento pulsare il sangue
sulle vene scoperte dei polsi.
E schizza via
ad imbrattare lo specchio!
Sto bene.
Sto bene...
Non affannarti,
ti prego,
nel cercare di rimettermi assieme,
sarei soltanto
un'immagine di carne
di me stesso!

Seduto sulla panchina
di fronte al lungomare.
Fotogrammi di pensieri che si accavallano fra loro
di persone che mi entrano dentro
a passi di ritmo diverso.
Colori diversi ai fotogrammi.
Toni diversi alle parole.
E sono bambino che strattona la giacca
di papà indicando la scritta della gelateria,
sono marito dietro ad occhiali scuri,
sono donna seduta sulle pietre quattro passi avanti.
Mi alzo.
Indosso una camicia a righe,
una tuta da ginnastica su scarpe troppo bianche,
un abito scuro,
una minigonna di pelle nera
su calze a rete e stivali.
La ragazza di colore
ha steso con cura un asciugamano rosso,
dalla borsa:
cuffie.. prima dentro un orecchio,
poi dentro l'altro meticolosamente,
un libro posato.
E' nuovo, sembra lì per caso.
Mi siedo, parlo.
-Ciao-
Chiude gli occhi, il libro è sempre lì.
Lo prendo e corro, corro finché ho fiato.
Respiro.
Il vento è freddo,
mi passa lungo la schiena.
E sono cane su zampe troppo basse,
sono aquilone trattenuto a stento.
Sono palla lanciata in acqua,
sono remo marcio sulla sabbia.
Stremato.
Sono quel -ti chiamo stasera-,
sono il bacio sulle labbra,
sono la mano sulla mano.
Sono amore, rabbia, pensiero, dolore, sorriso.

Sono storia.
Sono attimo.
Sono niente.
Sono tutto.
Mi asciugo le lacrime dal viso.
Stringo un pugno di sabbia, forte...
Apro il palmo.
Il vento è freddo, torno a casa.

Stavo.
Sdraiato con il naso all'insù
all'alba di una mattina
che aveva appena inghiottito la sua notte.
Avevo
disposto con estrema cura
i cuscini bianchi,
sulla strada d'asfalto dal mio paese alla città.
A distanza ragionata,
due saltelli l'uno dall'altro.
Restavo.
Inerme,
il tempo necessario
affinché vite diverse scorressero veloci
al mio fianco destro, al mio fianco sinistro.
Rumori,
si addossavano scomposti e insensati
mentre guardavo le nuvole
improvvisare danze fra loro.
Stavo.
Supino,
il tempo necessario al silenzio
per passare ad un altro cuscino.
Bianco.
Blu.
Nero.
L'umidità sulla schiena.
Pensavo.
Salivo in ogni diversa auto,
parlavo, stavo in silenzio.
Aumentavo e diminuivo il volume della radio
a seconda della mia..
tua, sua, nostra solitudine.
Scendevo da ogni diversa auto,
parlavo, stavo in silenzio.
Le vite che continuavano a corrermi attorno.
Il mio fianco destro.
Il mio fianco sinistro.
Con il cuscino dietro la nuca,
osservavo il mondo attorno.

Con la mia sognante,
obesa cecità...
Vedevo.
Ogni cosa.
Ogni persona.
Tranne me!

Raccontai dei miei sogni
strappandoli alla notte
e portandoli in spazi
dove hanno preso forma e colore.
Mi spogliai
rivestendo i miei brividi di braccia tese.
Nudo di corazza.
Cotone nero a coprire il sesso.
In piedi,
con il mio insano e disadatto
senso di vertigine.
Raccontai di me in terza persona,
quasi fossi altro da me...
Stupito e curioso.
Vergognandomi della mia ostentata nudità
ora starò in bilico ad aspettare,
appallottolandomi...

Continuo ad aspettarmi...
Mi guardo e sono sempre uguale.
Eppure cambio i miei vestiti
tutti i giorni.
Dovrei fare qualcosa
ma continuo a pensare
di fare qualcosa.
Fermo.
Immobile.
Lavo i miei vestiti.
Metto addosso quello del lunedì
il lunedì successivo.
Devo fare qualcosa,
qualsiasi cosa...
Ci penso.

Mi infilo dentro, rannicchiandomi.
Porto con me una quantità d'aria sufficiente.
Attento doso il respiro.
Due giri di nastro per ogni lato.
Fragile.

Non fingere con me.
Potrei crederti.
Si aprono alla luce drappi viola.
Ai lati.
L'embrasse: due nodi, stretti.
Marionette a danzare su musica assente.
Piccoli imbuti sui padiglioni.
Click clack di piedi nudi sulle tavole di legno.
Non fingere con me.
Potrei fingere di crederti.
Scatto dalla sedia,
scorro via fino al palco.
Mi adatto: salto, ballo, non emetto suono.
Fisso, immobile.
Contorto.
Riparto: salto.
Non fingere con me.
Potrei crederti
e recitare di essere me stesso.
Salto giù.
Guardo.
Mi cerco fra i presenti sulle sedie.
Corro via.
I drappi.
Non fingere con me.
Lo faccio già io.
Silenzio.
Di nuovo i drappi viola stretti ai lati.
Click clack.
Potresti fingere con me.
Non ti crederò.
Sarò già qualcun altro diverso da me.

Ho la mia ombra addosso.
Cammino mentre cammina.
Mi fermo, si ferma.
Non mi sento soffocare, strano.
Mi piace:
non pesa.
Non pensa.
E' notte: mi manca.
Un velo nero per terra,
me lo aggancio addosso, un nodo.
E'.

Ingoiando,
convivo con me stesso.
Con la voglia di urlare
tenendo ben salda la bocca.
Soffocando dentro,
mi stringo.
Piccolo.
Giro nel mio cerchio.
Corro fino a non avere più fiato.
Salgo sulla ruota.
Ruoto.
A testa in giù.
La tua nuca.
Alto.
Sprofondo.

Di notte la casa gira spesso su se stessa attorno al buio.
Dalla finestra dovrebbe vedersi qualcosa.
Sì, qualcosa ci deve essere.
Per forza.
Ma la tengo chiusa.
Il mondo.
La gente.
Devo stare.
Per forza.
Devo correre.
Per forza.
Scrivo delle mie paure
e ho paura di scrivere.
Buio.
Ho paura.
Ho paura di stare.
Senza.
Devo vivere.
Vivo, domani però.. non oggi.
Oggi ho paura.

Guscio.
Intingo le dita.
Disegno forma -informe-.
Ho un volto.
Intingo.
Colore.
Ho un'espressione.
Intingo.
Ho una bocca.
Intingo.
Ho un naso.
Intingo.
Ho occhi.
E guardo.
Specchio.
Esco.
Sguscio.
Vivo.
Afferro. Mordo. Sento. Osservo.
Mi muovo.
Impolvero i miei piedi nudi.
Ho freddo.
Rientro.
Straccio sulle dita -stinte-.
Acqua.
Strofino ansioso.
Guscio.
Intingo le dita.
E sono.
Forma.
-doverosa- forma.

-25 Ottobre 2009-

Alito.
Soffia, leggero.
Spegne.
Penombra
in cui vorrei stare.
Con lei.

Strani giorni.
Non lasciano segno.
Cadenza ritmata.
Quasi soffocante.
Ho aperto la mia finestra.
Sono stato ingoiato.
Trent'anni fa.
Ancora nessuno si è accorto
che non ci sono più.

Con la voglia di correre.
Dentro la mia gabbia di ogni giorno.
Giro veloce ai quattro lati di essa.
Ne disegno il perimetro
con i miei piedi nudi.
Con la mia saliva che si mischia al sudore.
La asciugo ad ogni nuovo giro con i miei piedi
ancora nudi e sporchi.
Mi inseguo.
Dentro.
Senza raggiungermi.
Mai.

Rallenta il mio battito.
Fai che sia emozione che mi emozioni.
E' il sapore che mi importa.
Cieco, stolto, sordo.
Rallenta il mio battito.
Ferma la mia corsa.
Che sia sosta
che possa martellarmi dentro.
Che sia emozione
e non attimo su attimo già vissuto.
Balla dentro di me.
Adesso.

Nella catena di montaggio
sono ingranaggio umano
che ogni giorno
alla stessa ora,
nello stesso istante...
si ferma.

Pensavo:
qualche volta
sarebbe bello vestirsi soltanto
di Vento,
lasciarlo scivolare addosso
e sentirsi liberi di essere veri.

E dopo il Vento,
l'Acqua che accarezza.
E potrei urlare ma solo bolle
che salgono da sotto.
E' mio annegare, incomprensibile, in superficie.

E' Aria.
La sento entrare ritmata,
come beffarda danza del mio attorno.
E la sbuffo fuori
cercando di controllare il respiro.
E respiro, respiro.
Sospiro.
Come se non dovesse bastarmi,
ma deve.. almeno oggi.
Inspiro.
La tengo dentro più che posso.
Piccola dose
per arrivare ad un altro momento
che non sia quello di adesso.
La stringo in un pugno
e la guardo scivolare via.
Ed è come soffocare dentro,
senza domani.
Respiro.
Sospiro.
Ed è già domani.

Mi vestirò di plastica
strozzando le braccia al corpo.
Una bobina di pellicola
appesa al centro della stanza
su cui correre attorno fino a non avere più fiato.
Sarò un distributore automatico
di parole senza tono.
Sarò un manichino
su cui incidere un nome diverso ogni giorno.
Sarò una forma nascosta
di me stesso.
Sarò una forma contorta di qualcuno.

La casa sulle Nuvole di qui.
Luce che filtra fra le dita allargate.
Immobile.

Io..
Strattonato confine di me stesso.

A tratti,
alveoli di distratta serenità.

Occhi chiusi.
Come lingua a leccare cuore
lasciando saliva che gocciola.
E sangue che pulsa nelle pupille.
Chiusi..
E' ancora troppo presto
per infangarli di ciò che E'.

Sulla soglia
della mia pelle
fingerò di stare bene.
Un'architettura di labbra e denti
in stridente disarmonia.
Con la pancia vuota,
un solo impasto di saliva da ingoiare.
Sputo via.
Un passo sopra, un altro.
I miei.
E tanti altri fino ad asciugare.
Intrappolato.
Urlo afono,
soltanto una bolla che spinge su
senza destare attenzione.
Uno scomparire piano
soffocato da un numero qualunque.

Il Tempo che si trascina
parti di Vita
tracciando perimetri dove agitarci incoerenti.
Stabilmente instabili,
in apparente Realtà.
E confini d'Aria da respirare.

Ho stretto il silenzio
vomitandolo in parole.
Graffio le mani,
il dorso, il palmo.
Almeno sento.
E' urlo che assorda,
scritto.
Non ha più alcun suono.
Ho costretto le mie mani.
Poi le braccia.
E le gambe.
Senza movimento,
soltanto bende che passano sul corpo.
Il lamento dei pori sulla pelle.
Li conto, li numero.
Con le molliche del pane li tappo,
uno alla volta.
Minuziosamente.
Smetto di sentire.
La lingua
si muove, rotea sul palato.
Io sto fermo
nel silenzio
di parole vomitate a caso.
E non riesco nemmeno
ad essere conforme a me stesso
da poter dire:
sono fatto così.

Ho desiderato che fosse il tuo colore.
Me lo sono buttato addosso
perché lo potessi prendere
succhiandolo da me.
Me lo sono buttato addosso
colorando il mio nero.
I passi su pozze d'acqua.
Schizzi che non possono lavarlo via.
Fanno soltanto rumore
che cadenza il movimento.
Ho desiderato che fosse il tuo colore
che potessi accarezzare
scostando i capelli dal viso.
E' contorno di occhi.
Contorno di labbra.
E' contorno di nero.
Le mie dita che si allargano sullo specchio.
Acqua tiepida che sale in rivolo di fumo.
Ho desiderato che fosse il tuo colore
questa sensazione che ho di te
ad occhi chiusi.
E' goccia su di me che si spande piano
e mi fa stare bene.

Con fatica mi sento qualcosa o qualcuno.
E affanno, mi agito.. penso, corro.. parlo sempre troppo.
Non capisco.
E mi tappo le orecchie per non ascoltare.
Ballo, ballo.. fino a non avere più fiato!

Usami.
Trascinami con te con una corda
legata stretta al collo.
Mostrami alle tue amiche,
orgogliosa del tuo ammaestrato Amore.
Nascondimi alla curiosità delle domande,
strattonami e poi slegami.
Non preoccuparti,
non mi hanno visto.
Tienimi a dovuta distanza,
timorosa del tuo appestato Amore.
Usami.
Scopami e godi.
E poi chiedimi di dire: Ti Amo.
Mio Amore.
Ora seduto, ora in piedi mio ammaestrato Amore.
Sussurrami, parlami, urlami.
Tirami a te nel buio della tua camera
e allontanami appena è mattina.
Usami
e dimmi che sono libero.
Di fare, dire e pensare.
Di Amare.
Usami e accusami di essere libero.
Amami e chiedimi di Amarti.
Amami e accusami di Amarti.
Mio fiero Amore:
-è il mio Uomo-.
Allontanami:
-ti odio perché sei un Uomo-.
Usami per sentirti Donna.
Scopami per sentirti Madre.
Lasciami per sentirti libera.
Usami per sentirti viva
mentre io muoio piano.
E non so nemmeno chi sei..
Amore mio.

Ci sono voli che non hanno una meta
ma soltanto il freddo orizzontale.

Gira le dita in vortice
disegnando un cerchio dal contorno spesso
quanto il tuo indice.
E tienimi lì dentro,
muovendomi fra l'indice ed il medio.
Io mi tengo senza angoli,
equilibrista del tuo cerchio.

Potresti scegliere di giocare
con i miei occhi
come fossero due biglie.
Guardarli rotolare su altri
e gioire del loro sbattersi addosso programmato
o rammaricarti della buca mancata.
Potresti giocarci fra le dita
strofinandoli fino al momento giusto
per il lancio,
due colori l'uno sull'altro.
Potresti tenerli fieramente in tasca
o tirarli fuori a stupire
e ridacchiare sulle facce imbarazzate.
Potresti mettere in gioco anche i tuoi
e stupirti del mio stupore.
Peccato che siano soltanto due.
I miei. Due.

Sono un punto.
Puoi fermarti e ripartire,
lasciare un piede in equilibrio
allungando il resto del corpo
come fosse elastico
a raggiungere l'altro.
Sono un punto.
Posso fermarmi e ripartire.
Sostare, stare e riposare.
Respirare.
Stendere le braccia
fino a fare male, dorso sugli occhi.
Acquisita immobilità.
Sono un punto,
la stasi che sfianca,
l'accorta insicurezza.
Sono un punto,
un'immobile certezza.
La partenza, l'arrivo.
Un neo,
una goccia di inchiostro.
Sono un punto,
un infinito niente.

Ho dei momenti rotondi,
su anelli che ruotano
a trovare il loro incastro compiacente.
Un unico acuminato spigolo
su cui bilanciare palmo di mano aperta
e schiena arcuata al passaggio lento.
Equilibrista del mio giorno,
tronfio disgusto e sputo.
Ho dei momenti rotondi
su cui avvolgo il nastro di videocassette oblique.
Un passaggio obbligato,
meccanico,
corda tesa nella perfetta metà del soffitto.
Tronfio disgusto e sputo.
Sospeso,
equilibrista del mio giorno di nuovo uguale.

Voglio che tu ti accorga di me,
me che gonfio in bolla le parole
che devono essere dette al mattino
inciampando sulle calze del pavimento.
Voglio che tu ti accorga di me
quando sono solo tra le persone,
stretto dai loro gomiti
ai miei due lati,
nelle loro mandibole che masticano
sempre alla stessa ora.
Ed io..
Io che mi alzo e mi siedo fuori,
sempre alla stessa ora.
Io, che mi occupo poco di me.
Voglio che tu ti accorga di me,
me che sbraito, divento rosso
con un ridicolo pallino sulla fronte,
e mi dicono:
-ma perché sei così?-
Io che non lo so.
Voglio che tu ti accorga di me,
del mio stare male,
del mio stare bene.. del mio stare in piedi,
seduto, sdraiato.
Della mia orizzontale idiozia.
Voglio che tu ti accorga di me
un attimo prima di suonare alla porta
e con voce strozzata in gola
-sono qui-.
E non so nemmeno di esserci.
Io, che tiro su gli occhi a cercare niente.
Nell'insofferenza di stare
senza te che non ti accorgi più di me.
Io, che gonfio in bolla quelle stesse parole
che mi scoppiano addosso.

Guardo alla luna inebriandomi di essa...
ho orrendamente paura di me stesso!

Sbatterò le braccia forte
rannicchiando le gambe.
Goccia su goccia.
E poi specchio.

Le passerei la mano sulle gote
ad asciugare le lacrime
per poi dirle:
"E' tutto a posto!"

Ogni tanto incontro persone che parlano di me.
Di come sono, di quello che faccio, che dico
o che soltanto penso.
Mi raccontano delle mie paure.
Delle mie voglie.
Sanno dei miei sogni, dei miei desideri.
Mi spiegano i miei perché,
guardano con i miei occhi,
toccano con le mie mani,
assaporano con la mia bocca.
Mi raccontano di me
in minuziosi particolari,
disegnando una figura umana che proprio non conosco.
Io, un altro Me stesso.
Grazie, senza di loro non saprei chi essere.

Ho bisogno
di avere bisogni da soddisfare
per poi averne la nausea.

Sono qui.
Nel consueto incespicare di parole
fatte di rincorse ed affanno.
Sono qui.
A picchiettare con i polpastrelli
le sensazioni in evoluzione.
Sono qui,
a raccontare di me
qualcosa
che scopro anch'io
proprio ora che la racconto.
Sono qui.
Io che non ho labbra
a contornare le emozioni.
Sono qui.
Alla ricerca di un dove
in cui possa stare
continuamente assente.
Sono qui,
contortamente qui.

Incurvo la schiena in avanti,
le mani sulle caviglie
a stringere forte.
Mi spingo indietro e rotolo livido.
Foglie scosse dal maestrale
e sassi che erano già lì.
Movimento rotondo
che consuma la mia pelle, piano.
Non ho fretta,
non ho meta.
Non arriverò mai.

Mi sveglio urlando
e mi addormento
stanco di urlare.
Nel mentre
dimentico in fretta.
Scivolo dentro ogni cosa, persona, attimo.
E' tutto bagnato,
come se piovesse sempre.
E' goccia che persevera, costante ticchettio.
Bolla.
Nodo.
Ruga allargata sull'occhio.
Un passo, un giorno.
Un dove in cui
ingoio e sputo.

Alla bellezza non servono parole di contorno.
E'.
E' sentire stazionario.
Nessuna partenza, nessun arrivo.
E' pace.
Fluttuante contorno onirico
in cui semplicemente cullarsi.

E' odore di terra
sulle narici, sullo stomaco.
E' esortazione a danzare
sulle parole
ad occhi chiusi.
E' sguardo sul cielo.
Inchino.
Sollievo.
E' afferrare l'aria
e stringerla in un pugno
per poi soffiarla via.

Trasportato,
quattro passi sopra la terra.
Le spine che pungono ancora.
Angoli che si intrecciano:
triangolo, rombo.
Diseguali forme, capovolte.
A testa in giù.
Sguazzo, annaspo senz'acqua.
Pulsa il sangue nelle vene.
In gola. Soffio.
E soffio in gola.
Otto passi, dieci, venti, cento.
Capriole fra le nuvole,
senza profondità.
Danza ad occhi chiusi.
Piedi nudi. Soffice.
E tutto è più piccolo,
sempre più piccolo.
Nessun confine di me.
Mi allungo fino a lì.
E lo sento pulsare sempre più.

Squarcio sul petto:
cuore,
ostentato amore.
Ed ogni colore
che ti sia dato conoscere
coloralo di altro colore.
E' oggi che devi scegliere
un angolo dove lasciare il tuo corpo.
E' oggi che devi restituirlo
senza colore e senza cuore.
In minuscoli pezzi
come una vecchia fotografia
mentre la guardiamo
ricomporsi al vento,
un metro da terra.
La strada e la polvere.
Ora adagio,
seduta a succhiare l'acqua che amalgama la terra.
Cuore,
ostentato amore
in diverse forme che si compongono e sgretolano
sulle mani.
E' vento sulla polvere.
Fino alla fine.
Ci sarò.
Deformato, consumato, succhiato, schiacciato.
Con la paura di nuove forme,
di nuova Vita.
Squarcio sul petto: niente!
Senza fiato
succhiando la saliva dalle labbra
di un volto che non conosci.
Senza nome: è mio.

Ci sono tagli
sui polsi
dai quali non stilla sangue.

La mia testa
è piena di carta straccia
che viene appallottolata
e gettata via.

Forse.. buongiorno.
Mi sveglio alla mattina
e, forse.. ho bisogno di te.
Mi allungo per cercarti
non annaspando nel vuoto.
Graffio il vetro trasparente della bottiglia
che mi consuma le dita.
Forse seduto, forse in piedi,
forse non più solo.
Vetro
trasportato, sbattuto,
sporcato e ripulito: acqua di mare.
Piattaforma di sabbia: piccola sosta.
Freddo,
mi stringo cingendomi le braccia.
Caldo, le allargo.
Non farò più fatica
a dire che sto bene, forse.
Sto bene, con te.
Forse.
Freddo,
mi stringi ed io allargo le braccia.
E non ho ricordo
di averlo mai fatto prima di adesso.
E ci muoviamo abbracciati,
cullati: è acqua di mare, è vento che sbatte.
Non aver paura
se spingo via quel sughero sul vetro,
ti porto con me.
Aria.
E adesso balla per me,
male allo stomaco.
Dimmi che sei libera!
Urla il mio nome con il tuo.
Allontanati e avvicinati
nella distanza delle mie, delle tue braccia.
Stai con me
nell'unica certezza che abbiamo.. forse.
Ti odio.

E anche se il cielo
dovesse colorarsi di rosso
starò fuori con i palmi delle mani aperti
ad accogliere la pioggia
che picchietterà su di me.
Occhi,
e fradicio sorriso delirante
in cerca di qualsiasi piccola,
minuscola, infinitesima parte di terra.
E avrò voglia di raccontarlo
per non scordarmi di come sono stato.

Ho una piccola camera senza mura attorno.
Uno spazio senza finestre e senza luce.
Ho una piccola camera,
una sedia, un libro, quindici penne infilate in una tazza da colazione.
Ho una piccola camera
dove i pensieri mi rimbalzano addosso senza ipotesi possibili.
Ho tanti fogli bianchi.
Scarabocchio parole allargando le "a" e rendendole panciute
soltanto per consumare l'inchiostro della penna nera.
Lo stesso inchiostro che poi gratto con l'indice.
Mi sporco, mi lavo e torno a sedere.
Ho venti fogli di "a" tutte diverse.
Ora sono neri e bianchi.
Ho una piccola camera senza mura
chiusa ai quattro lati dal cellofan
che imbratto con l'inchiostro dell'indice
ogni volta che mi alzo dalla sedia.
Cinque volte la mattina.
Ventiquattro volte la sera.
Sono intervalli regolari,
cerco di dargli la stessa ordinata cadenza tutti i giorni.
Ci ho messo tre settimane a disegnare una farfalla sul cellofan.
Ho consumato tre penne.
Non vola. E' lì, ferma.. immobile, impassibile.
Ci ho messo tre giorni a raccontarle di me.
E' restata lì, ferma.. immobile, impassibile.
Ogni giorno mi sveglio troppo tardi
e anche quando mi sveglio presto penso che è troppo tardi.
E se non dovessi andare a letto penserei che è troppo tardi.
Mi sveglio troppo tardi,
bevo il caffè.
Metto sempre tre cucchiaini di zucchero di canna.
Prendo sempre una tazza troppo grande.
Lo trovo sempre troppo dolce.
Lascio lo zucchero sul fondo,
lo guardo e gli faccio scorrere l'acqua sopra.
Mi vesto e mi siedo.
Ho una piccola camera.
Non parlo.

Penso.
Mi chiedo a cosa ho pensato e mi dimentico di aver pensato.
La maggior parte del tempo penso: "Non lo so".
No leggo più se non le mie "a".
Mi viene voglia di scrivere: scrivo.
Guardo il foglio ed è un altro foglio di "a".
Lo metto con gli altri, ventuno.
Non esco.
Ho una piccola camera.
Ho scelto una piastrella sulla quale stare,
ho iniziato a volteggiare su me stesso
lasciando che il cellofan mi avvolgesse.
Ed è come se ci fosse qualcuno sotto la mia pelle
a parlare, ridere e ballare al posto mio.

.. E se mi incontrassi per strada
farei fatica a riconoscermi
se non fosse per il rosso sul palmo della mano.
E se mi incontrassi per strada
mi volterei per non dovermi salutare.
E se inciampassi sui miei stessi passi
starei fermo
sulle strisce gialle e nere che mi danno sicurezza.
E se non avessi niente da dire
potrei sempre urlare
dentro un sacchetto di plastica, svuotando i polmoni.
E poi poggiare le mani aperte
sui marciapiedi invasi dalle ruote
di auto parcheggiate a caso.
Ed un numero scritto sulla panchina.
"Pronto.. ciao.."
"..scusami mi sentivo solo..
e volevo parlarti un po' di me..."
Ha chiuso.
E se mi incontrassi per strada
avrei qualcuno a cui dare la mano
da ciondolare in avanti e indietro.
E segnare il mio numero su un'altra panchina,
forse qualcuno mi potrebbe chiamare
perché si sente solo.
Risponderei... No.

Hai lasciato il libro
con la copertina bianca sul comodino
e ti svegli
e non si è spostato nemmeno oggi.
E la polvere strisciata via con le dita.
E le righe parallele.
E la tv è ancora accesa e non ricordi da quanto
ma sembra che non sia cambiato niente.
E infili le calze nere e gli anfibi scoloriti,
la maglietta che non hai mai voglia di stirare.
Calchi la matita nera sul contorno degli occhi.
E ti pesa essere donna
e guardi il seno troppo grande.
E ti hanno detto che i cereali sono buoni,
e sono colmi come sempre di latte bianco.
E resta il segno nero delle tue labbra sul bordo della tazza.
Hai troppi buchi nelle orecchie,
metti gli orecchini in fila
e poi li togli e poi li metti di nuovo.
Ed il telefono continua a squillare.
E sembra che non ci sei mai.
E urli: "Io sto bene".
Ed il gatto fa miao, il cane fa bau
e tu non sai che animale essere,
e non sai che verso fare.
Ed i capelli rossi,
ed esci e corri.
Ed anche Berlinguer è morto,
ma ti dici di essere giovane
e prendi fiato.
E ricominci a correre.
L'unità, il controllo, la democrazia,
la supremazia, l'opposizione, la rivoluzione,
il gioco delle perle di vetro,
e il tamburo di latta.
E ci sono i topi.
E ci sono ragnatele, reti,
e fregature
ma i coltelli di una volta non tagliano più.
E urli: "Portami via".

E guardi di sotto. Acqua. Odore, sudore, umore.
E ti attira.
E' un salto. A piedi uniti.
Stretta a te stessa,
raggomitolata.
E non tornerai.
Datemi un modulo in cui stare
ed un vestito da indossare
e parole da dire.
Giuste, convenienti e rotonde.
E poi un giro, un altro e un altro. Ancora.
E ti ricordi i dischi,
le cassette, le autoradio, le monete che non avevano valore,
le parole che non avevano sapore.
E forse tornerai.
E' adesso, proprio adesso che non ci sei.

Vieni a vedere la luna
che stasera diventa rossa
e porta i chiodi per fissarla nel suo cerchio.
L'abbiamo dimenticata pallida
tutte le altre sere
mentre ci disegnavamo il viso
per poi incollarci un sorriso
prima di andare a letto.
Faticosamente scanseremo lampioni, case, strade
e macchine. Fari, fanali. Luci di negozi e magazzini.
E saremo due, cento, mille con le mani tese
a guardare i nostri sogni
fissati in illusioni.
Staremo come gli innamorati
ad intrecciare le dita
senza parlare.
Sbufferemo il fumo
fra i grilli,
e ci domanderemo come riescono ad amare
con un cuore così piccolo.

www.ingramcontent.com/pod-product-compliance
Lightning Source LLC
Chambersburg PA
CBHW071326040426
42444CB00009B/2095